BEI GRIN MACHT SICH IHR WISSEN BEZAHLT

AF141708

- Wir veröffentlichen Ihre Hausarbeit, Bachelor- und Masterarbeit

- Ihr eigenes eBook und Buch - weltweit in allen wichtigen Shops

- Verdienen Sie an jedem Verkauf

Jetzt bei www.GRIN.com hochladen und kostenlos publizieren

Persönlichkeitspsychologie. Ein Überblick

Testtheorie, Gütekriterien von Persönlichkeitstests, der Zusammenhang zwischen Persönlichkeitsmerkmalen und Krankheit. Kohärenzsinn von Mitarbeitern fördern. Das Big-Five-Modell in der Personalauswahl

GRIN

Bibliografische Information der Deutschen Nationalbibliothek:

Die Deutsche Nationalbibliothek verzeichnet diese Publikation in der Deutschen Nationalbibliografie; detaillierte bibliografische Daten sind im Internet über http://dnb.d-nb.de abrufbar.

ISBN: 9783346494092
Dieses Buch ist auch als E-Book erhältlich.

© GRIN Publishing GmbH
Nymphenburger Straße 86
80636 München

Druck und Bindung: Books on Demand GmbH, Norderstedt Germany
Gedruckt auf säurefreiem Papier aus verantwortungsvollen Quellen

Das vorliegende Werk wurde sorgfältig erarbeitet. Dennoch übernehmen Autoren und Verlag für die Richtigkeit von Angaben, Hinweisen, Links und Ratschlägen sowie eventuelle Druckfehler keine Haftung.

Das Buch bei GRIN: https://www.grin.com/document/1060076

Inhaltsverzeichnis

Abkürzungsverzeichnis

BPS – Borderline-Persönlichkeitsstörung

WHO – Weltgesundheitsorganisation,

Genf

4

Abbildungsverzeichnis

1 Aufgabe B1

1.1 Testverfahren

Die psychologische Forschung setzt ihren Fokus auf allgemeingültige Aussagen, welche über das Individuum hinausgehen (nomothetischer Ansatz), weshalb die Untersuchung von Gruppen vordergründig ist. Dagegen dominiert in der klinischen und diagnostischen Praxis die Untersuchung von Einzelfallaussagen (idiografischer Ansatz). Hierbei nehmen Testverfahren eine besondere Rolle ein. Diese gelten als ein routiniertes wissenschaftliches Verfahren, mit welchem Merkmalsausprägungen (besonders überdauernde Persönlichkeitseigenschaften wie Extraversion oder Gewissenhaftigkeit) bei Individuen möglichst genau quantitativ erfasst werden sollen. Testverfahren zielen somit auf die Diagnostik auf Ebene des Individuums ab (Hussy, Schreier, Echterhoff, 2013, S. 81).

Tests, welche zur Erfassung von Eigenschaften (wie Introversion oder Offenheit) dienen, werden als **Persönlichkeitstest** bezeichnet. Mithilfe von Persönlichkeits- tests werden keine Daten bezüglich objektiver Leistungen erfasst, sondern es erfolgt eine Interpretation von emotional, motivational und sozial signifikanten Persönlichkeitseigenschaften. Es wird zwischen subjektiven und objektiven Per- sönlichkeitstest differenziert. Subjektive Persönlichkeitstests sind hinsichtlich ih- res Zwecks von der Person, welche getestet wird, leicht erkennbar. Konträr dazu sind objektive Persönlichkeitstests. Dabei wird versucht, den Zweck nicht offen- sichtlich zu machen. Dies minimiert die Reaktivität der Datenerhebung und er- höht somit die Validität der Ergebnisse (Hussy, Schreier, Echterhoff, 2013, S. 83). An Testverfahren werden hohe Qualitätsanforderungen gestellt, weshalb sich stets um Berücksichtigung sowie Erfüllung der geforderten Qualitätsansprüche (Gütekriterien) bemüht werden sollte (Moosbrugger & Kelava, 2020, S. 17).

1.2 Gütekriterien von Persönlichkeitstests

Der Begriff *Gütekriterien* meint eine Reihe von Anforderungen, welche bei der Test- und Fragebogenkonstruktion zur Qualitätssicherung dienen sollen. Es werden in der Regel folgende Hauptkriterien unterschieden: Objektivität, Reliabilität, Validität (Moosbrugger & Kelava, 2020, S. 17).

1.2.1 Objektivität

Objektivität ist gegeben, wenn das gesamte Testverfahren (Testmaterialien, Testdarbietung und -auswertung, Interpretation) genau festgelegt ist, sodass der Test orts- und zeitunabhängig sowie unabhängig vom Testleiter und Testauswer- ter durchgeführt werden könnte und für die jeweilige Testperson hinsichtlich des zu erfassenden Merkmals trotzdem dasselbe Ergebnis sowie Ergebnisinterpre- tation erfasst wird (Moosbrugger & Kelava, 2020, S. 18).

Tests und Fragebogen werden bezüglich der Objektivität in drei Aspekte separiert: Durchführungsobjektivität, Auswertungsobjektivität und Interpretationsobjektivität (Moosbrugger & Kelava, 2020, S. 18).

Die **Durchführungsobjektivität** ist erfüllt, sobald die Durchführung des Tests voll standardisiert ist, wodurch sichergestellt werden soll, dass mögliche Störvariablen eliminiert werden können (Moosbrugger & Kelava, 2020, S. 18). Die Bedingungen und die Durchführung müssen hierbei präzise definiert werden. Die Instruktion sollte am sorgfältigsten erfolgen. Gibt es z.B Zeitbegrenzungen oder Hilfestellungen bei der Beantwortung der Fragen, müssen diese vorgegeben werden. Dadurch minimieren sich Rückfragen an den Untersucher und dieser wird den Probanden keine verschiedenen Hilfestellungen geben (Bühner, 2010, S. 34). Das Testverhalten der Testperson soll hierdurch nur von der individuellen Ausprägung des zu erfassenden Merkmals abhängen und weitere Bedingungen sollen konstant bzw. kontrollierbar sein, sodass diese das Ergebnis nicht beeinflussen (Moosbrugger & Kelava, 2020, S. 18).

Ein Persönlichkeitstest erfüllt dann das Kriterium der **Auswertungsobjektivität**, wenn klare Anweisungen zu der Auswertung von Antworten bezüglich der Differenzierung zwischen hohen und niedrigen Ausprägungen des Merkmals vorliegen. Bei Persönlichkeitstests lässt sich die Auswertungsobjektivität recht leicht erfüllen, denn es kann inhaltlich festgelegt werden, welche Antwort für eine hohe Ausprägung des Merkmals steht und welche nicht. Dies ermöglicht eine sichere Vergabe von Punktwerten. Wird dagegen ein offenes Antwortformat genutzt, bei welchem die Testperson ihre Antwort selbst formuliert, sind detaillierte Kodierungsregeln notwendig, welche oftmals schwierig auszuwerten sind (Moosbrugger & Kelava, 2020, S. 19–20).

Die **Interpretationsobjektivität** liegt vor, wenn verschiedene Testauswerter möglichst zu einer gleichen Interpretation der Testergebnisse kommen (Bühner, 2010, S. 35). Die Vorgaben zur Testinterpretation sind im Testmanual in der Regel genau bestimmt (z.b Auswertungsschablonen) und werden so von den Testauswertern umgesetzt (Döring & Bortz, 2016, S. 443).

1.2.2 Reliabilität

Reliabilität ist gegeben, wenn der Testwert die wahre Merkmalsausprägung der Testperson genau abbildet. Hierfür dürfen keine bzw. nur geringe Verzerrungen des Testwerts durch Messfehler vorkommen. Die Objektivität gilt als eine Voraussetzung für die Reliabilität, denn eine geringe Objektivität resultiert in Messfehlern, welche die Reliabilität reduzieren. Jedoch kann es, selbst wenn die Objektivität durch die Tester perfekt gewährleistet ist, durch die Testpersonen zu Messfehlern kommen (z.b wenn die Testperson die Aufgabe und Antwortmöglichkeit nicht richtig versteht). Die Messgenauigkeit ist somit eng verbunden mit einer präzisen Formulierung und Darbietung der Aufgaben sowie Antwortmöglichkeiten. Die Reliabilität lässt sich empirisch überprüfen, wofür vier unterschiedliche Arten von Reliabilitätskoeffizienten genutzt werden (Döring & Bortz, 2016, S. 443–444). Der Reliabilitätskoeffizient schwankt meist zwischen 0 (völlig unzuverlässige Messung, welche gänzlich aus Messfehlern besteht) und +1 (perfekt zuverlässige Messung, welche nicht beeinträchtigt durch Messfehler ist). Reliabilitätskoeffizienten von > .90 werden als hoch eingestuft, Reliabilitätskoeffizienten von > .80 gelten als ausreichend (Döring & Bortz, 2016, S. 443). Gute Persönlichkeitstests weisen einen Reliabilitätskoeffizienten von > .80 auf (Renner, Heydasch, Ströhlein, 2012, S. 57). Zu den Methoden zur Reliabilitätsschätzung zählen: Testhalbierungsreliabilität, Paralleltest-Reliabilität, interne Konsistenz, Retest-Reliabilität (Hussy, Schreier, Echterhoff, 2013, S. 86).

Mithilfe der **Testhalbierungsreliabilität** wird der Persönlichkeitstest in gleiche Testhälften geteilt, welche dann miteinander korreliert werden. Aus dieser Korrelation wird das Reliabilitätsmaß erhoben (Bühner, 2010, S. 34).

Da bei der Testhalbierungsreliabilität nur die Reliabilität der Hälfte des Tests geschätzt wird, ist die **Paralleltestmethode** besser geeignet. Dabei liegen zwei parallele Tests vor, welche dieselbe Anzahl an Items haben. Es erfolgt eine Bestimmung des Reliabilitätsmaßes durch die Korrelation der beiden parallelen Tests (Renner, Heydasch, Ströhlein, 2012, S. 57).

Da es jedoch aufwendig ist, genau parallele Tests zu konstruieren, spielt die **interne Konsistenz** (und besonders der Cronbach-Alpha) eine wichtige Rolle (Renner, Heydasch, Ströhlein, 2012, S. 57–58). Die Reliabilitätsschätzung durch den **Cronbach-Alpha** wird auch als Verallgemeinerung der Testhalbierungsmethode angesehen, da jedes Item eines Tests als eigenständiger Testteil angesehen wird. Dabei ist die Reliabilität der Testteile umso höher, je stärker die einzelnen Testteile untereinander positiv korrelieren (Moosbrugger & Kelava, 2020, S. 29).

Die Methode der **Retest-Reliabilität** sieht vor, ein und denselben Test zu zwei verschiedenen Messzeitpunkten zu prüfen. Die Korrelation beider Testwerte aus der ersten und zweiten Messung bestimmt dann die Reliabilität (Moosbrugger & Kelava, 2020, S. 28). Die Retest-Methode erweist sich nur für jene Tests als sinnvoll, welche ein äußerst stabiles Merkmal aufweisen. So können Unterschiede zwischen der Erst- und Zweitmessung wirklich als Messfehler und nicht als Merkmalsveränderung interpretiert werden (Döring & Bortz, 2016, S. 444).

1.2.3 Validität

Das Gütekriterium der Validität ist erfüllt, wenn das, was der Test misst, mit dem, was er messen soll, übereinstimmt (Misst ein Test wirklich Offenheit, oder doch eher Extraversion?). Die Validität gilt als das wichtigste Gütekriterium hinsichtlich der Anwendung von Tests (Moosbrugger & Kelava, 2020, S. 30). Dies begründet sich darin, dass wenn der Tests gar nicht das erfasst, was er erfassen soll, dieser sowohl für die Diagnostik als auch für die Forschung unbrauchbar ist. Eine hohe Reliabilität gilt als Voraussetzung für eine entsprechend hohe Validität. Ist der Testwert mit Messfehlern behaftet, so kann das zu erfassende Merkmal auch nicht genau bestimmt werden. Jedoch kann ein Test selbst bei einer hohen Reliabilität invalide sein, indem er mit einer perfekten Messgenauigkeit ein Merkmal misst, was dem eigentlich zu erfassenden Merkmal nur sehr ähnlich ist, jedoch im Grunde ein anderes Merkmal darstellt (Döring & Bortz, 2016, S. 445).

Die Prüfung der Validität ist methodisch und theoretisch enorm anspruchsvoller als die Reliabilitätsprüfung. Eine Validierung erfordert meist zahlreiche empirische Prüfungen mit dem zu untersuchenden Test. Diese münden in statistische Berechnungen von Validitätskoeffizienten. Es gibt drei Methoden zur Validierung: Die Inhalts-, Kriteriums- und Konstruktvalidierung (Döring & Bortz, 2016, S. 445).

Die **Inhaltsvalidität** gibt das Maß an, in welchem die Items eines Tests das zu erfassende Merkmal inhaltlich repräsentieren (Renner, Heydasch, Ströhlein, 2012, S. 58). Um die Inhaltsvalidität zu erfüllen, soll eine repräsentative Stichprobe an allen relevanten Verhaltens- und Erlebensweisen durch die Items eines Tests repräsentiert werden, wodurch das interessierende Merkmal gänzlich erfasst werden könnte. Darauffolgend beurteilen maßgeblich Experten, inwieweit die Items das interessierende Merkmal repräsentieren (Moosbrugger & Kelava, 2020, S. 33).

Der Zusammenhang zwischen der Testleistung und einem bzw. mehreren Kriterien, mit welchen der Test korrelieren sollte, wird als **Kriteriumsvalidität** beschrieben (Renner, Heydasch, Ströhlein, 2012, S. 59). Erfüllt ist die Kriteriumsvalidität, wenn sich die Testergebnisse von dem beobachteten Merkmal auf das interessierende Merkmal außerhalb der Testsituation extrapolieren lassen. Die Kriteriumsvalidität lässt sich empirisch überprüfen, indem die Testwerte mit einem interessierenden Merkmal außerhalb der Testsituation korreliert werden (Moosbrugger & Kelava, 2020, S. 33).

Während die Inhaltsvalidität nur aufgrund theoretischer Argumente und Expertenbewertungen angibt, ob Items das interessierende Merkmal inhaltlich ausreichend repräsentieren, erfolgt bei der **Konstruktvalidität** eine umfangreiche em- pirische Überprüfung der theoretischen Annahmen, welche mit dem beobachte- ten Merkmal verknüpft sind (Renner, Heydasch, Ströhlein, 2012, S. 60).

1.3 Persönlichkeitsstörungen

Die Persönlichkeit kann definiert werden als eine charakteristische Art und Weise, mit welcher ein Mensch versucht, sowohl den eigenen Bedürfnissen als auch externen Anforderungen gerecht zu werden (Caspar, Pjanic, Westermann, 2018, S. 131). Eine Persönlichkeitsstörung ist ein stark von der Norm abweichender Persönlichkeitstyp im Erwachsenenalter. Diese lässt sich als Extremvariation der normalen Persönlichkeitsvariation auffassen (Asendorpf, 2019, S. 75). Menschen, welche mit einer Persönlichkeitsstörung diagnostiziert werden können, weisen rigide Erlebens- und Interaktionsmuster auf. Diese äußern sich in Wahrnehmen, Fühlen, Verhalten und Denken und weichen von kulturellen und sozialen Normen ab. Die Symptome von Persönlichkeitsstörungen werden von Betroffenen oft als ich-synton (ich-eigen) erlebt und somit nicht als störend empfunden, demnach betrifft der Leidensdruck oftmals eher das soziale Umfeld und nicht den Betroffenen selbst (Caspar, Pjanic, Westermann, 2018, S. 131).

1.3.1 Borderline-Persönlichkeitsstörung (BPS)

Die BPS kennzeichnet sich durch eine schwere Störung der Affektregulation. Die Wahrnehmung des Selbst und des zwischenmenschlichen Verhaltens ist verzerrt. Die Symptomatik beginnt meist in der frühen Adoleszenz und äußert sich durch schwerwiegende Stimmungsschwankungen, aggressive Schübe, und Selbstzweifel. Der Verdacht einer BPS kommt nahe, wenn zusätzliche Symptome wie Selbstverletzung, Suizidversuche, Essstörungen oder psychotische Symptome dazu kommen (Bohus & Schmahl, 2007, 3345).

Die Diagnose einer BPS kann gestellt werden, wenn mindestens fünf der neun DSM-IV-Kriterien erfüllt sind (Margraf & Schneider, 2009, S. 535):

- **Affektivität**
    - Unangemessen ausgeprägte Wut bzw. Schwierigkeiten bei der Kontrolle von Wut oder Ärger (z.B gehäufte Wutausbrüche, wiederkehrende Schlägereien)
    - Affektive Instabilität (mit ausgeprägter Orientierung an der aktuellen Stimmung)
    - chronisches Leeregefühl
- **Impulsivität**
    - verminderte Impulskontrolle in mindestens zwei Bereichen, welche po potenziell selbstschädigend sind (z.B Substanzmissbrauch, Sexualität)
    - sich wiederholende Suiziddrohungen, -andeutungen oder -versuche oder selbstverletzendes Verhalten
- **Kognition**
    - vorübergehende stressbedingte paranoide Gedanken oder dissoziative Symptome
    - Identitätsstörungen
- **Interpersoneller Bereich**
    - Verzweifeltes Bemühen der Verhinderung des Alleinseins
    - Muster von instabilen und intensiven zwischenmenschlichen Beziehungen

2 Aufgabe B2

2.1 Konzept von Gesundheit und Krankheit

Der Expertenbegriff von *Gesundheit* variiert stark. Bislang konnte sich nicht auf eine wissenschaftliche Definition geeignet werden (Faltermaier, Ulich, Leplow, Salisch, 2016, S. 41). Gesundheit wurde früher definiert als die Abwesenheit von Krankheit, was eine negative Definition darstellt, da Gesundheit nur dann gegeben sei, wenn diese abgrenzbar von Krankheit ist (Moeller & Hammelstein, 2005, S. 7).

Die World Health Organization (WHO) konstatierte 1948 offiziell die erste positive Definition: „Gesundheit ist der Zustand des vollständigen körperlichen, geistigen und sozialen Wohlbefindens und nicht nur des Freiseins von Krankheit und Gebrechen." (Moeller & Hammelstein, 2005, S. 8). Die Definition der WHO wurde als besonders bedeutsam eingeschätzt, da diese sowohl subjektive Gesundheitsaspekte als auch objektivierbare Daten (medizintechnische Begutachtungen) berücksichtigt. Des Weiteren umfasst diese Definition psychische und soziale Gesundheitsaspekte und nicht nur das Fehlen physischer Gebrechen als Indikator für Gesundheit (Moeller & Hammelstein, 2005, S. 8).

Kritisiert wurde die Utopie des *vollkommenen* Wohlbefindens (Faltermaier et al., 2016, S. 41). Das *vollkommene* Wohlbefinden ist kein absoluter Zustand und ist auch subjektiv nicht immer zu erreichen (z.B kann sich eine Person wohlfühlen, obwohl sie auch Beeinträchtigungen wahrnimmt). Gesundheit ist vielmehr als ein dynamischer Prozess zu verstehen, welcher sich aus der wiederkehrenden Erreichung, Wiederherstellung und Aufrechterhaltung speist. So lässt sich allgemein feststellen, dass zu der Gesundheit eines Individuums nicht nur das physische und psychische Wohlbefinden gehört, sondern auch dessen subjektive Leistungsfähigkeit, Selbstverwirklichung und Sinnfindung (Moeller & Hammelstein, 2005, S. 8).

2.2 Zusammenhang zwischen Persönlichkeit und Gesundheit

Persönlichkeitsmerkmale können über fünf mögliche Mechanismen gesundheits- fördernde oder -gefährdende Effekte entfalten. Es ist davon auszugehen, dass die nachfolgend beschriebenen Mechanismen sich nicht gegenseitig ausschlie- ßen, sondern vielmehr alle gleichsam innerhalb eines Gefüges wirksam werden (Weber, Rammsayer, Bengel, 2005, S. 525).

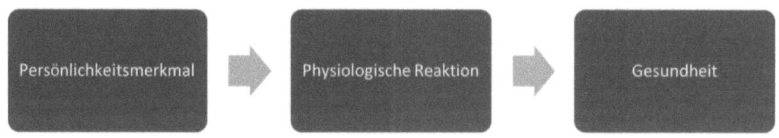

Abbildung 1: Persönlichkeitsmerkmale können die Gesundheit durch physiologi- sche Reaktionen beeinflussen

Quelle: eigene Darstellung, in Anlehnung an (Weber, Rammsayer, Bengel, 2005, S. 525)

Nach diesem Ansatz sind Persönlichkeitsmerkmale mit physiologischen Reakti- onen verbunden. So konnte nachgewiesen werden, dass ein negativer affektiver Zustand (z.B Angst, Depression) mit schädigenden kardiovaskulären und neuro- immunologischen Reaktionen einhergeht. Indes wird angenommen, dass kogni- tive Vorgänge, wie eine positive Erwartung, dementsprechend auch eine positive Wirkung entfalten (Weber, Rammsayer, Bengel, 2005, S. 525).

Abbildung 2: Persönlichkeitsmerkmale vermögen die Beeinflussung der Gesundheit über direkte Folgen des Verhaltens

Quelle: eigene Darstellung, in Anlehnung an (Weber, Rammsayer, Bengel, 2005, S. 525)

Dieser Mechanismus geht davon aus, dass Persönlichkeitsmerkmale mit gewis- sen Verhaltensweisen einhergehen und unmittelbar förderlich oder gefährdend hinsichtlich der Gesundheit sind. Beispielsweise konnte der Zusammenhang

14

zwischen Feindseligkeit und verstärktem Konsum von Alkohol und Nikotin nach-gewiesen werden (Weber, Rammsayer, Bengel, 2005, S. 525).

Dagegen geht Gewissenhaftigkeit mit einem besseren Gesundheitsverhalten ein-her (d.h Reduktion von Risiken) (Weber, Rammsayer, Bengel, 2005, S. 525–526). Zudem zeigen verschiedene Studien positive Zusammenhänge zwischen Optimismus und subjektivem Wohlbefinden, was sich durch ein flexibles Bewäl-tigungsverhalten begründet (Weber, Rammsayer, Bengel, 2005, S. 529).

Abbildung 3: Persönlichkeitsmerkmale können durch indirekte Verhaltensfolgen die Gesundheit beeinflussen

Quelle: eigene Darstellung, in Anlehnung an (Weber, Rammsayer, Bengel, 2005, S. 526)

Konträr zu den vorherig genannten direkten Verhaltensfolgen wird bei diesem Mechanismus davon ausgegangen, dass Persönlichkeitsmerkmale über gewisse Verhaltensweisen *indirekt* förderlich oder gefährdend hinsichtlich der Gesundheit sind. Beispielsweise kann es gesundheitsgefährdend sein, wenn das Persönlich- keitsmerkmal Feindseligkeit (d.h Disposition zu Aggressivität) mit abweisendem Verhalten einhergeht, wodurch andere Personen abgeneigt sind, sozial unterstüt- zend zu sein. Dies wiederum hat durch das Fehlen eines sozialen Auffangnetzes direkte oder indirekte negative Folgen für die Gesundheit (Weber, Rammsayer, Bengel, 2005, S. 526). Zudem stellt Feindseligkeit eine Komponente des Typ-A- Verhaltens dar. Das Typ-A-Verhalten ist ein Verhaltenskomplex, welcher unter anderem durch eine hohe Leistungsnorm, Inkompetenz zur Delegation, hoher Einsatz bis hin zur völligen Verausgabung, hohes Kontrollbedürfnis und selbst gemachter Zeitdruck gekennzeichnet ist. Früher wurde das Typ-A-Verhalten als zusätzlicher Risikofaktor für die Entstehung der koronaren Herzkrankheit und des Herzinfarkts gesehen. Neue Forschungen konnten dies jedoch nicht bestätigen. Es scheint die Feindseligkeit zu sein, welche innerhalb dieses Verhaltenstyps als schädliche Komponente agiert (Faller & Lang, 2019, S. 179). Ähnlich wie das Typ-A-Verhalten wurde früher versucht, eine „Krebspersönlichkeit" zu identifizieren, die Typ-C-Persönlichkeit. Diese ist gekennzeichnet durch die Unterdrückung negativer Emotionen, die

Abbildung 4: Persönlichkeitsmerkmale können die Gesundheit über das Selektieren der Umwelt beeinflussen

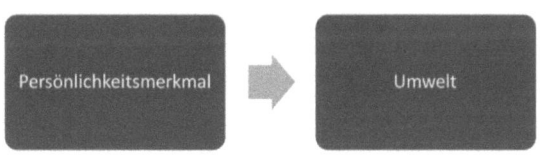

Unfähigkeit Wut auszudrücken, die Nei- gung zu depressiver Verstimmung und die Verleumdung von eigenen Interessen und Wünschen. Jedoch ließ sich auch dieses Persönlichkeitskonzept nicht empi- risch bestätigen (Rothgangel, Schüler, Müller, 2010, S. 222).

Quelle: eigene Darstellung, in Anlehnung an (Weber, Rammsayer, Bengel, 2005, S. 526)

Dieses Modell nimmt an, dass eine Person je nach ihren Persönlichkeitsmerkmalen, gesundheitsfördernde oder -gefährdende Situationen schafft bzw. aufsucht, da die gewählte Situation den Bedürfnissen, Ambitionen oder Kompetenzen der Person entspricht (Weber, Rammsayer, Bengel, 2005, S. 525).

So zeigt sich Plausibilität im Hinblick auf eine Person mit einer hohen Ausprägung in Gewissenhaftigkeit. Das Verhalten zeichnet sich durch Sorgfalt und Bedacht aus, wodurch diese Person eher dazu geneigt ist, eine sichere soziale und berufliche Umwelt zu erschaffen bzw. aufzusuchen, was dementsprechend durch das soziale Auffangnetz mit gesundheitsfördernden Effekten einhergeht (Weber, Rammsayer, Bengel, 2005, S. 526).

Gesundheitsgefährdend kann beispielsweise Sensation-Seeking sein. Sensation-Seeking beschreibt einen Verhaltensstil, welcher dazu tendiert, stimulierende Situationen aufzusuchen (z.B die Neigung zu gefährdendem Verhalten wie Drogenmissbrauch, Autorennen) (Faller & Lang, 2019, S. 178).

16

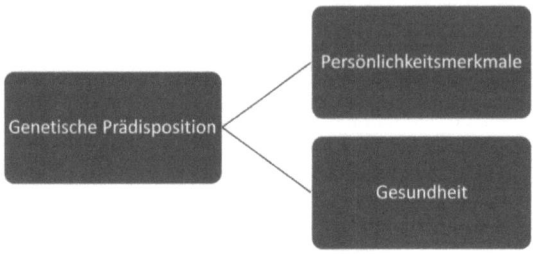

Abbildung 5: Persönlichkeitsmerkmale und Gesundheit entspringen einer gemeinsamen Ursache

Quelle: eigene Darstellung, in Anlehnung an (Weber, Rammsayer, Bengel, 2005, S. 526)

Dieser Mechanismus geht nicht von einer Kausalität zwischen Persönlichkeits- merkmalen und Gesundheit aus. Hier besteht die Annahme, dass beide der Aus- druck oder die Folge einer gemeinsamen genetischen Prädisposition sind. Eine genetisch bedingte verstärkte physiologische Stressreaktivität kann förderlich für die Entstehung von bestimmten Erkrankungen sein und sich in dementsprechen- den Erlebens- und Verhaltensmustern zeigen (Weber, Rammsayer, Bengel, 2005, S. 526). So konnte ein genetischer Risikofaktor für das Persönlichkeits- merkmal Novelty-Seeking (Suche nach Neuigkeit, Abwechselung und Aufre- gung) gefunden werden. Der Risikofaktor besteht in einem Allel des Dopamin- Rezeptor-Gens D-4, welches zu einem Dopamindefizit führt. Die Suche nach Ab- wechselung und Aufregung wird womöglich vollzogen, um das Dopamindefizit auszugleichen (Faller & Lang, 2019, S. 178).

Abbildung 6: Persönlichkeitsmerkmale sind die Folge von Krankheit

Quelle: eigene Darstellung, in Anlehnung an (Weber, Rammsayer, Bengel, 2005, S. 526)

Bei diesem Modell besteht die Annahme, dass pathologische Prozesse (z.B eine Krebserkrankung), schon vor der Diagnose der manifesten Krankheit bestim- mend hinsichtlich der Ausprägung von Persönlichkeitsmerkmalen sind. Dies muss auch dann berücksichtigt werden, wenn Längsschnittstudien Persönlichkeitsmerkmale vor der Diagnose erhoben haben, jedoch kein genauer Zeitpunkt bekannt ist, zu welchem pathologische Prozesse begonnen haben. Des Weiteren kann sich eine erhöhte Depressivität auch reaktiv nach Kenntnis der Diagnose entwickeln (Weber, Rammsayer, Bengel, 2005, S. 527).

2.3 Kohärenzsinn

Der Medizinsoziologe Aaron Antonovsky (1923-1994) verstand den Kohärenz-sinn als die Basis des menschlichen Gesundseins (Ehlert, 2016, S. 60). Dieser bezeichnet den Kohärenzsinn als „die persönliche Zuversicht, dass Gescheh-nisse verstehbar, strukturiert und vorhersehbar sind (comprehensibility), Sinn und Bedeutung haben (meaningfulness) und in irgendeiner Form, sei es unter Rückgriff auf eigene oder soziale Ressourcen, bewältigt werden können (ma-nageability)." (Weber, Rammsayer, Bengel, 2005, S. 528).

Der Kohärenzsinn setzt sich aus drei Komponenten zusammen: Verstehbarkeit, Sinnhaftigkeit und Bewältigbarkeit. Das Kohärenzgefühl entwickelt sich stetig im Laufe des Kindes- und Jugendalters (Ehlert, 2016, S. 61). Antonovsky ging davon aus, dass nach dem 30. Lebensjahr das Kohärenzgefühl nur durch äußerst präg-nante Ereignisse verändert wird.

Eine Person mit einem starken Kohärenzsinn vermag es, in stressreichen Situa-tionen flexibel Coping-Strategien zu nutzen und bewältigt somit erfolgreich die Stressreaktion. Wiederum wirkt sich dies positiv auf die Gesundheit aus (Bauer, 2019, S. 14). Das Konzept spielt somit auch eine besondere Rolle in Anbetracht von Präventionsmaßnahmen, da es dazu verhelfen kann, dass eine Person we-niger anfällig für Krankheiten ist bzw. bessere Bewältigungsstrategien für eine Krankheit hat. Die Forschung konnte zeigen, dass ein stark ausgebildeter Kohä-renzsinn zu einer besseren Bewältigung von Colon irritabile, Fibromyalgie, post-traumatischer Belastungsstörung und anderen Krankheiten führt (Ehlert, 2016, S. 60).

2.3.1   Handlungsempfehlungen zur Stärkung des Kohärenzsinns von Mitarbeitern

Der Software-Anbieter Wrike befragte für seinen Wrike Digital Report 2016 insgesamt 3.000 Büroangestallte in Deutschland, Frankreich und Großbritannien. Drei Viertel von den 1.000 deutschen Befragten gaben an, dass sie verglichen zum Vorjahr eine gestiegene Arbeitsbelastung bedauern. Des Weiteren registrierten 18 Prozent, dass sie nicht ihr volles Produktivitätspotential auszuschöpfen vermögen. Die größten Störfaktoren sind hierbei: zu viel gleichzeitig erledigen zu müssen, zu viele E-Mails, zu viele ineffiziente Meetings, schlechte Kommunikation mit dem Vorgesetzten bzw. im Team, nicht auffindbare Informationen. Die Generation der über 55-Jährigen zeigt den größten Widerstand gegenüber allen Störfaktoren, nur 19 Prozent empfinden eine höhere Arbeitsbelastung verglichen mit dem vergangenen Jahr. Dagegen klagten 26% der Befragten der Generation Y über eine erheblich gestiegene Arbeitsbelastung (Paefgen-laß, 2017).

Belastungen sind jedoch kaum wegzudenken und hierbei ist es weniger hilfreich, diese gänzlich im Arbeitsprozess vermeiden zu wollen. Stattdessen sollten die Bedingungen, unter welchen die Belastungen auf die Person wirken, verändert werden (Paefgen-laß, 2017). Dabei lässt sich das Konzept der gesunden Führung anwenden, indem Führungskräfte aktiv die Gesundheit ihrer Mitarbeiter fördern. Der Kohärenzsinn spielt hierbei eine wichtige Rolle, gesund führen bedeutet demnach, dass Führungskräfte darauf bedacht sein sollten, die Entwicklung des Gefühls von Verstehbarkeit, Sinnhaftigkeit und Bewältigbarkeit ihrer Mitarbeitern zu fördern (*Wirtschaft und Weiterbildung*, 2014).

Die Verstehbarkeit kann durch Führungskräfte insofern gefördert werden, indem diese die Informationen, welche Mitarbeitern zukommen, auswählen, strukturieren und kommentieren. Zudem sollten Abläufe und Strukturen transparent dargelegt werden. Eine Führungskraft sollte für vollständige Handlungen sorgen, d.h eine Handlung sollte neben dem auszuführenden Element auch vorbereitende und kontrollierende Aspekte umfassen. Dies sorgt dafür, dass Mitarbeiter die Aufgabe sowohl besser verstehen, als auch besser bewältigen können (Haufe, 2014).

Um das Gefühl der Sinnhaftigkeit zu stärken, ist es wichtig, dass Mitarbeiter nicht nur ihre Tätigkeiten als sinnvoll erachten, sondern auch sich selbst. Deshalb sollten Führungskräfte Wertschätzung gegenüber der Tätigkeit, welche der Mitarbeiter ausführt, und dem Mitarbeiter als Menschen selbst, entgegenbringen (Haufe, 2014).

Die Bewältigbarkeit lässt sich stärken, indem Mitarbeiter weder Unter- noch Überforderung bezüglich ihrer Ziele verspüren. Führungskräfte sollten hierbei Mitarbeitern stetig Rückmeldungen geben und eine positive Fehlerkultur kultivieren (Haufe, 2014). Mitarbeiter sollten zudem in ihren Kompetenzen gestärkt werden, sodass diese überzeugt davon sind, die Aufgabe mit ihnen zur Verfügung stehenden Ressourcen bewältigen zu können (Paefgen-laß, 2017).

3 Aufgabe B3

3.1 Das Big Five Modell

In der Persönlichkeitspsychologie herrscht seit den letzten 20 Jahren ein vermehrter Konsens darüber, dass die signifikantesten Persönlichkeitsmerkmale na- hezu vollständig und ausreichend genau durch ein Modell mit fünf globalen Fak- toren (Big Five Modell) beschrieben werden können (Weber, Rammsayer, Bengel, 2005, S. 99). Das Big Five Modell von McCrae und Costa beinhaltet die folgenden fünf Dimensionen der Persönlichkeit (Faltermaier et al., 2016, S. 141).

Kürzel	Englisch	Deutsch
O	Openness to new experience	Offenheit gegenüber neuen Erfahrungen
C	Conscientiousness	Gewissenhaftigkeit
E	Extraversion	Extraversion
A	Agreeableness	Verträglichkeit
N	Neuroticism	Neurotizismus

Abbildung 7: Die fünf Faktoren der Persönlichkeit (Big Five)

Quelle: (Asendorpf, 2019, S. 70)

Die Kürzel der englischen Anfangsbuchstaben ergeben zusammengesetzt OCEAN, weshalb auch oft von den Big Five OCEAN gesprochen wird (Rauthmann, 2017, S. 254).

Die Dimension der **Offenheit gegenüber neuen Erfahrungen** umfasst intellektuelles Interesse, das Gefühl für Kunst und Kreativität (Asendorpf, 2019, S. 70). Menschen, welche hohe Werte auf dieser Domäne zeigen, sind fantasievoll, einfallsreich und zeigen ein großes Spektrum von Interessen (Faller & Lang, 2019, S. 175). Zudem korreliert diese Dimension positiv mit dem Bildungsniveau und vor allem Intelligenz (Asendorpf, 2019, S. 70). Menschen, welche niedrige Werte besitzen, zeigen weniger Interesse an kulturellen Aspekten und denken eher einfach und oberflächlich (Faller & Lang, 2019, S. 175).

Menschen, welche hohe Werte bei dem Faktor **Gewissenhaftigkeit** erzielen, sind sorgfältig, verantwortungsvoll und zuverlässig. Konträr dazu verhalten sich Menschen mit niedrigen Werten leichtsinnig, unzuverlässig und unordentlich (Faller & Lang, 2019, S. 175).

Ist der Faktor **Extraversion** hoch ausgeprägt, zeigt der Mensch ein geselliges, aktives, durchsetzungsfähiges und offenes Verhalten. Der Gegenpol stellt die Introversion dar. Ein introvertierter Mensch ist eher still und zurückgezogen (Faller & Lang, 2019, S. 175).

Die Dimension der **Verträglichkeit** umfasst Gutmütigkeit, Bescheidenheit, Mitgefühl, Herzlichkeit, Großzügigkeit, Vertrauenswürdigkeit und Hilfsbereitschaft. Menschen, welche niedrigere Werte aufweisen, zeigen Feindseligkeit, Unfreundlichkeit und Streitsucht sowie Undankbarkeit oder Hartherzigkeit (Faller & Lang, 2019, S. 175).

Menschen, welche einen hohen **Neurotizismuswert** aufweisen, zeigen ein ängstliches, emotional instabiles und nervöses Verhalten (Asendorpf, 2019, S. 70). Konträr zu einem stabilen, ruhigen Verhalten (Faller & Lang, 2019, S. 175).

3.1.1 Das Big Five Modell in der Personalauswahl

Gerade in der Personalauswahl sind Persönlichkeitsprofile besonders wichtig. So lässt sich ein Normprofil des zu besetzenden Arbeits- oder Fortbildungsplatzes ermitteln, welches dann verglichen wird. Weicht das Persönlichkeitsprofil des Bewerbers vom Normprofil ab, lässt sich dies in einem Gespräch thematisieren, in welchem die Abweichungen besprochen und konkretisiert werden. Zudem werden Anforderungsprofile, abgeleitet aus den Arbeitsanforderungen, erstellt. Das Persönlichkeitsprofil des Bewerbers wird sodann mit dem Anforderungsprofil verglichen und etwaige Abweichungen werden negativ gewertet (Asendorpf, 2019, S. 73).

Das Big Five Modell ist in der Personalauswahl besonders beliebt, da die Faktoren für das berufsbezogene Verhalten äußerst relevant sind. Eine Metaanalyse von Barrick und Mount (1991) fasste die Resultate von 177 Studien zusammen. Daraus ergab sich die Erkenntnis, dass die berufliche Leistung vieler Berufsgruppen mit den Big Five Faktoren korrelieren. Beispielsweise korreliert die Ausprägung der Gewissenhaftigkeit mit der beruflichen Leistung. Dies konnte sowohl bei Managern als auch bei Vertriebsmitarbeitern, Facharbeitern und Polizisten festgestellt werden. Ein weiterer signifikanter Faktor war bei Managern und Vertriebsmitarbeitern besonders der Faktor Extraversion. Des Weiteren korreliert Extraversion mit der Leistung während der Ausbildung und mit Teamarbeit. Neurotizismus und Verträglichkeit korrelieren ebenso mit Teamarbeit und Offenheit spielt eine Rolle bezüglich der Ausbildungsleistung (Barrick & Mount, 1991).

Durch Persönlichkeitsfragebögen kann die Personalauswahl wissenschaftlich unterstützt werden. Zwei Arten des Big Five Tests, welche auf dem Big Five Modell basieren, eignen sich besonders gut zur Analyse des Potentials von Bewerbern. Die Auswertung der Fragebögen lässt sich als Vorlage für ein folgendes Interview heranziehen (Hoeppener, 2020).

Der **Reflector Big Five Test (Personality)** wertet die fünf Faktoren aus und liefert zugleich eine detaillierte Darlegung von 24 Facetten. Im zweiten Teil des Tests lässt sich ersehen, aus welchen Facetten die jeweilige Kompetenz entspringt. Insgesamt gibt es 43 Kompetenzen, aus welchen sodann Kompetenzen ausgewählt werden können, welche für die zu besetzende Stelle relevant sind

(Hoeppener, 2020).

Der **Reflector Big Five Test (Leadership)** stellt eine Alternative bzw. eine Ergänzung des Reflector Big Five Personality Tests dar. Bei diesem Test erfolgt keine Auswertung der Kompetenzen, sondern das individuelle Potential wird durch einen Vergleich von den acht Führungskompetenzen nach R. E. Quinn (Innovator, Broker, Producer, Director, Coordinator, Monitor, Facilitator, Mentor) ermittelt (Hoeppener, 2020).

3.1.2 Big-Five zur Auswahl von Jurist*innen

Hinsichtlich der Auswahl von Juristen spielen die Faktoren *Gewissenhaftigkeit, Extraversion, Verträglichkeit* und *Neurotizismus* eine wichtige Rolle.

Ein Jurist sollte eine hohe Ausprägung des Faktors *Gewissenhaftigkeit* aufweisen, da die juristische Arbeitsweise eine große Effizienz und Sorgfalt erfordert. Es ist unabdingbar, dass ein Jurist verantwortungsvoll und planvoll arbeitet, um seinem Mandaten adäquat helfen zu können und etwaige Fehler in einem Prozess zu vermeiden zu können.

Des Weiteren ist es wichtig, dass ein Jurist hohe Werte bezüglich des Faktors *Extraversion* aufweist, da es gerade in der Kanzlei bzw. im Gerichtssaal wichtig ist, sich durchsetzen zu können und selbstsicher aufzutreten. Dieser Faktor spielt auch eine Rolle im Kontakt mit Mandaten. Ein eher extravertierter Jurist wird aufgrund seiner aktiven, kontaktfreudigen Art Vertrauen und Sicherheit auf seinen Mandaten ausstrahlen.

Der Faktor *Verträglichkeit* sollte gering ausgeprägt sein. Juristen benötigen Durchsetzungs- und Meinungsstärke, was besonders als Strafverteidiger unabdingbar ist.

Außerdem sollte ein Jurist hohe Werte beim Faktor *Neurotizismus* aufweisen, denn der Arbeitsalltag eines Juristen ist emotional sehr belastend und hitzig. Hierbei ist es wichtig, dass der Jurist selbstsicher und stabil ist. Fälle, die äußerst sensible Themen beinhalten (z.B Mord), erfordern emotionale Stabilität des Juristen, sodass dieser professionell zu arbeiten vermag. Als Strafverteidiger ist dies besonders wichtig, da ein Jurist hierbei (schwere) Straftäter verteidigt und somit auch in Kontakt mit den Opfern gelangt.

4 Literaturverzeichnis

Asendorpf, J. B. (2019): *Persönlichkeitspsychologie für Bachelor* (1. Auflage). Berlin, Heidelberg: Springer.

Barrick, M.; Mount, M.: *The big five personality dimensions and job performance: a meta-analysis.* Online verfügbar unter https://d1wqtxts1xzle7.cloud-front.net/30374576/1991_barrick_mount.pdf?1356557968=&response-content-disposition=inline%3B+filename%3DThe_big_five_personality_dimensi-ons_and.pdf&Expires=1619017737&Signa-ture=O1C87e8H7PFKCP8vp9wx7H3TjXNvPJVU7BrrVw4x2nksOfVZoyKel5N8 M~JwU48ThGlV0o5fBDfzR4zXKGE326822opsLU5yTFF91q4turRRv-AQ4E93vcSzmLJ5Y3NSQvp69UX-r1a148hjx1lhB1LEIyVL5OIFwScLvWZMN6w8x5Qn4RT~l9kj7uOy~NI5OVgnn8 y CJvhevm2YnUr2yNsp3Qe9wCrhGtVHaKhxl857tNAPR-PJmFjvL65UX6G1oef- QvWhgRRDC~Tk8es-ZSl0SUmbGOnkZn27LE-qa83lPGbk1wRM9in- WTP67E9NQK-BFav1C9EoogooEaWXGoNgQ_&Key-Pair-Id=APKA- JLOHF5GGSLRBV4ZA, zuletzt geprüft am 21.04.2021.

Bauer, J. Felicitas (2019): *Personale Gesundheitsressourcen in Studium und Ar-beitsleben* (1. Auflage). Wiesbaden: Springer Fachmedien.

Bohus, M.; Schmahl, C. (2007): *Psychopathologie und Therapie der Borderline-Persönlichkeitsstörung.* In: *Der Nervenarzt* 78 (9), 1069-80; quiz 1081. DOI: 10.1007/s00115-007-2341-x.

Bühner, M. (2010): *Einführung in die Test- und Fragebogenkonstruktion* (1. Auf-lage). London: Pearson Studium.

Caspar, F., Pjanic, I., Westermann, S. (2018): *Klinische Psychologie* (1. Auflage). Wiesbaden: Springer Fachmedien.

Döring, N. & Bortz, J. (2016): *Forschungsmethoden und Evaluation in den Sozial-und Humanwissenschaften* (5. Auflage). Berlin, Heidelberg: Springer.

Ehlert, U. (2016): *Verhaltensmedizin.* Berlin, Heidelberg: Springer.
Faller, H. & Lang, H. (2019): *Medizinische Psychologie und Soziologie.* Berlin, Heidelberg: Springer.

Faltermaier, T., Ulich, D., Leplow, B., Salisch, M. (2016): *Gesundheitspsychologie* (1. Auflage). Stuttgart: Kohlhammer Verlag.

Haufe (2014): *Arbeit sollte verständlich, handhabbar und sinnhaftig sein.* In: *Das Magazin für Führung, Personalentwicklung und E-Learning*, 18.02.2014. Online verfügbar unter https://www.haufe.de/personal/hr-management/gesunde-fuehrung-arbeit-verstaendlich-handhabbar-und-sinnhaftig_80_222520.html, zuletzt geprüft am 07.04.2021.

Hoeppener, H. (2020): *Das Big Five Modell - BIG FIVE MODELL.* PI Company GmbH. Online verfügbar unter https://www.big-five-modell.de/big-five-persoenlichkeitsmodell/, zuletzt aktualisiert am 26.08.2020, zuletzt geprüft am 13.04.2021.

Hussy, W., Schreier, M., Echterhoff, G. (2013): *Forschungsmethoden in Psychologie und Sozialwissenschaften für Bachelor* (2. Auflage). Berlin, Heidelberg: Springer.

Margraf, J. & Schneider, S. (2009): *Lehrbuch der Verhaltenstherapie* (3. Auflage). Heidelberg: Springer Medizin.

Moeller, A.; Hammelstein, P. (Hg.) (2005): *Gesundheitspsychologie* (1. Aufl.). Berlin: Springer (Springer-Lehrbuch).

Moosbrugger, H. & Kelava, A. (2020): *Testtheorie und Fragebogenkonstruktion* (1. Auflage). Berlin, Heidelberg: Springer.

Paefgen-laß, M. (2017): *Mitarbeiter zu mehr Resilienz führen.* In: *springerprofes- sional.de*, 17.01.2017. Online verfügbar unter https://www.springerprofessional.de/fuehrungsqualitaet/gesundheitsmanagement/mitarbeiter-zu-mehr-resilienz-fuehren/11080094, zuletzt geprüft am 07.04.2021.

Rauthmann, J. F. (2017): *Persönlichkeitspsychologie: Paradigmen – Strömungen*
– Theorien (1. Auflage). Berlin, Heidelberg: Springer.

Renner, K.-H., Heydasch, T., Ströhlein, G. (2012): *Forschungsmethoden der Psychologie* (1. Auflage). Wiesbaden: VS Verlag für Sozialwissenschaften.

Rothgangel, S., Schüler, J., Müller, B. (2010): *Kurzlehrbuch Medizinische Psychologie und Soziologie* (2. Auflage). Stuttgart: Thieme.

Weber, J. Eleonore, Rammsayer, T., Bengel, J. (2005): *Handbuch der Persönlichkeitspsychologie und differentiellen Psychologie*. Göttingen: Hogrefe (Handbuch der Psychologie).

Wirtschaft und Weiterbildung (2014). Online verfügbar unter https://zeitschriften.haufe.de/ePaper/wirtschaft-weiterbildung/2014/52088462/files/mobile/index.html#1, zuletzt aktualisiert am 31.01.2014, zuletzt geprüft am 21.04.2021.